D1753551

Von Gary Larson sind im Goldmann Verlag
als Taschenbücher erschienen:

Unter Büffeln · 6938
Unter Bären · 6939
Unter Schlangen · 6940
Dumme Vögel · 6945
Ruf des Urwalds · 6948
Ich und du · 6950
Zuerst die Hose ... · 7907
Auf Safari · 7913
Geschäftsessen · 7921
Die Nacht der Crash-Test-Puppen · 7922
Wenn Piranhas auswärts essen · 7923
Wenn Geier träumen · 7924
Nachtgewächse · 7929
Höllenhunde in der Hundehölle · 7932
Katzenwäsche · 7934

Als gebundene Ausgaben sind erschienen:

Die andere Seite
Mit dem Hunde gemalt
Die Entwicklung der Unarten
Alle Kühe dieser Erde
Die Frühgeschichte
der anderen Seite

# GARY LARSON
# Aufstand der Hühner

**GOLDMANN**

»The Far Side®« ist eine Cartoon-Serie, deren Urheber Gary Larson ist.
Die Originalausgabe des Buches erschien unter dem Titel
»The Chickens Are Restless« bei Andrews and McMeel
(jetzt: Andrews McMeel Publishing), einer Andrews McMeel
Universal Company, Kansas City, Missouri, U.S.A.

Aus dem Amerikanischen von Christoph Göhler
Handlettering von Matthias Sodtke

Umwelthinweis:
Dieses Buch wurde auf
chlorfrei gebleichtem Papier gedruckt.
Die Einschrumpffolie (zum Schutz
vor Beschädigung und Verschmutzung)
besteht aus umweltschonender
und recyclingfähiger PE-Folie

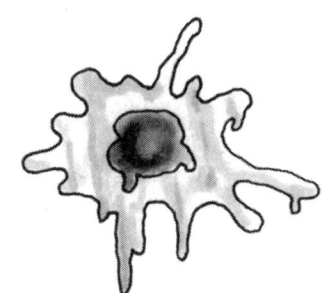

Der Goldmann Verlag
ist ein Unternehmen der Verlagsgruppe Bertelsmann GmbH

2. Auflage
Copyright © der Originalausgabe »The Chickens Are Restless«
1993 by FarWorks, Inc.
Copyright © »The Far Side® Cartoons« 1992, 1993 by FarWorks, Inc.
Copyright © der deutschsprachigen Ausgabe 1999 by FarWorks, Inc.
Alle Rechte vorbehalten
»The Far Side®« ist ein eingetragenes Warenzeichen von FarWorks, Inc.,
das in den U.S.A., in Großbritannien und in Neuseeland registriert ist.
Kein Teil dieser Publikation darf in irgendeiner Form oder mit
irgendwelchen Mitteln wiedergegeben, übertragen, für den
Wiederabruf gespeichert oder in irgendeiner Form oder in einer
anders als vom Rechteinhaber genehmigten Bindeart oder
Gestaltung vertrieben werden ohne schriftliche Genehmigung
des Copyright-Inhabers. Die Rechte des Urhebers sind geschützt.
Umschlaggestaltung: Design Team München
Umschlagmotiv: Gary Larson
Satz: Max Vornehm GmbH, München
Druck: J. P. Himmer GmbH & Co. KG, Augsburg
Bindung: Großbuchbinderei Monheim
Printed in Germany
ISBN 3-442-30635-3

»Ich muß dir ein Geständnis machen, Mona:
Ich habe dich vom rechten Wege abgebracht.«

»Mmmmm ... interessant ... interessant. Ich würde sagen, wir schmecken ein bißchen wie Huhn.«

Und bis ans Ende seiner Tage erzählte Ernie seinen Freunden, daß er mit Gott gesprochen habe.

Zum Entsetzen der übrigen Insassen im Rettungsboot verliert Madonna das Gleichgewicht und kippt vornüber.

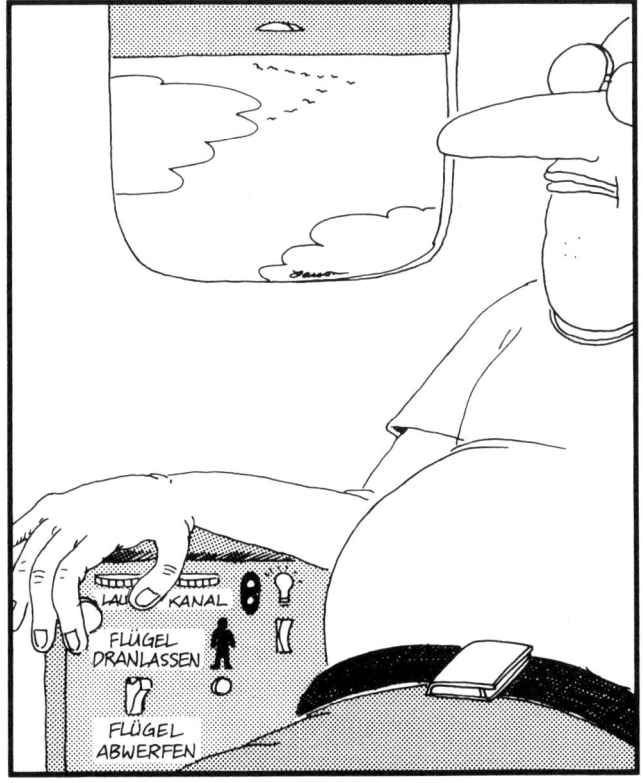

Auf der Suche nach dem Knopf für die verstellbare Rückenlehne löst Ted unwissentlich eine Katastrophe aus.

»Mein Gott, Collins, ich hasse es, wenn der Montag mit so einem Fall anfängt.«

Selbsthilfegruppe für langsame Geparden

»Okay, Jungs – das reicht. In dieser Stadt wird nicht mit Schießeisen rumgespielt.«

Für Maurice, Jacques Cousteaus Katze, war es jedesmal die Hölle auf Erden.

»Okay, Zeit für die Pause ... Dwayne wird euch in den Pausenhof führen, denn er darf heute Alphawolf sein.«

Roter Sturms gräßlichster Alptraum

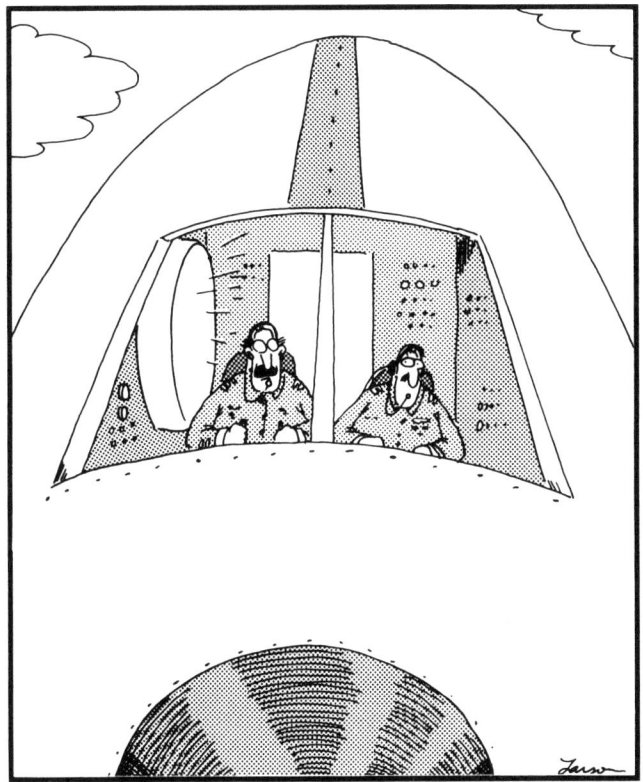

»Wir müssen leider umkehren. Hier vorne ist ein Warnlicht angegangen, und glaubt mir, Leute, es ist das ganz große.«

Das Wikinger-Auto war einst die Geißel der europäischen Landstraßen.

»Erstaunlich! Die mumifizierten Überreste eines prähistorischen Höhlenmalers – mit dem Pinsel in der Hand! Aber offenbar hat er sich einen Feind gemacht.«

»Vergiß nicht, Calloway, er ist ihr größter und bester Krieger – sei auf der Hut! Selbst wenn du ihn umhaust, steht er sofort wieder auf!«

Der Wachposten im Louvre wird sichtbar nervös, als Linda Blair erscheint.

Ursprung des Ausdrucks »Hot dog«

»Abdul, alter Freund! Komm rein! Komm rein! Bist du weit gereist?«

»Wie Sie sehen können, haben wir es größtenteils mit Karnickeln zu tun, aber halten Sie auch nach Gürteltieren Ausschau ... Wir sind jetzt etwa fünf Meilen vom toten Ochsen entfernt.«

Kolibris müssen sich Naturfilme
selbstverständlich im Zeitraffer ansehen.

Obwohl er nie so berühmt werden sollte wie sein afrikanischer Verwandter, war Larry der Lemurenmensch den Eingeborenen von Madagaskar ein vertrauter Anblick.

Gelangweilte Hunde erleben oft das Phänomen der »Kater Morgana«.

Taschendiebe in der Rue Morgue

»Also, Mr. Hook. Anscheinend können Sie sich nicht zwischen einer Laufbahn in der Piratenbranche oder der als Masseur entscheiden. Nun, vielleicht können wir Ihnen bei der Entscheidung helfen.«

»Wir können nicht so weitermachen, Ramone ... Eines Tages wird George seine Scheuklappen ablegen.«

Tarantel-Cafés

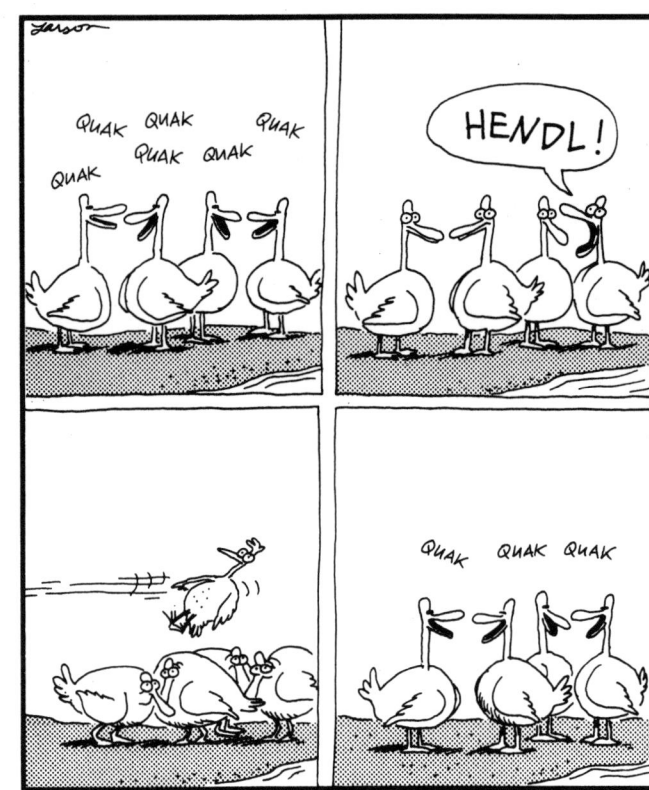

»Haben Sie eigentlich manchmal Schwierigkeiten«, fragte der Reporter, »sich etwas Neues auszudenken?« »Ehrlich gesagt, manchmal schon«, antwortete der Cartoonist.

Nachdem das Operationsteam ausgefallen war, lag es plötzlich in der Hand des Hausmeisters Leonard Knudson, unterstützt von der Zuschauertribüne, Mr. Grünfeld »zurückzuholen«.

»Wieso er hier ist? Keine Ahnung ... ich glaube, er war einfach ein böser Hund.«

Man kannte Sie als Madame Poulet. Anfang der vierziger Jahre setzte sie Täuschung, Drogen und ihren betörenden Charme ein, um den Geflügelfarmern im ganzen Land großen Schaden zuzufügen.

Popeye beim Rendez-vous

Wieder läutete es. Mohammed, dessen Frau in der Stadt war und der keine Besucher erwartete, wurde langsam nervös.

Szene aus *Dr. Jekyll und Mr. Ed*

Wellington streckte ihnen ein paar Glasperlen und anderen Tand entgegen, aber die Inselbewohner hatten ihre wildesten Anwälte auf ihn gehetzt – und die sangen: »Verklagt ihn! Verklagt ihn!«

Unheil braut sich zusammen.

Die Drehbuchautoren von »Bewitched« bei ihrem wöchentlichen Brainstorming.

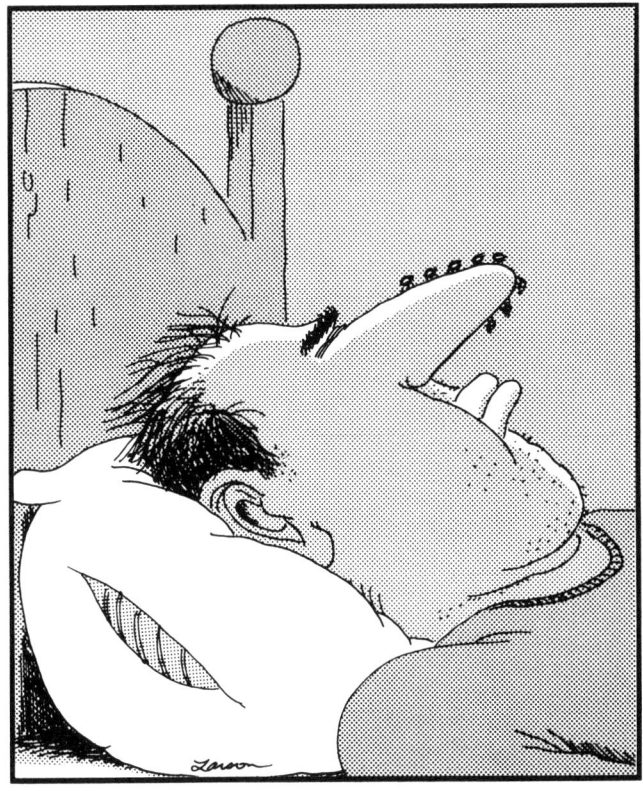

Jeden August testeten die Flöhe ihre Ausdauer bei der kräftezehrenden Tour de Frank.

Die Zeugen gaben später an, zwei kleine Hunde seien in den Saal getanzt, hätten die Katze gepackt und seien wieder hinausgetanzt.

Wo sich die Welten der Nautik und der Herpetologie begegnen.

»AAAAAA! Es ist Sid. Jemand hat ihn ausgepustet!«

»Dann spring doch, Sid! Zum Teufel – ich *weiß*, daß du daran denkst.«

Mit ihrer Aussage vor dem Senatsunterausschuß klären die Hardy-Buben den Iran-Contra-Skandal auf.

»Ach, Hank ist einfach ein bißchen schlecht drauf – er ist allergisch gegen Daunen, deshalb.«

Als sich seine Augen an die Dunkelheit gewöhnt hatten, bemerkte der Tod plötzlich, daß seine Freundin zusammen mit Dr. Jack Kevorkian im Kino saß.

»Gaanz ruhig ... Glauben Sie mir, Sie werden nicht immer eine einsame Landstraße bleiben.«

Wenn Schlagertexter eine Blockade haben

Alljährlich legen Hunderte von Touristen enorme Entfernungen zurück, um einen Blick auf die letzten wilden Berg-Chihuahuas zu erhaschen.

Die allzeit beliebte Donner-Paß-Schneekugel

Lang vor seiner Karriere im Showbusiness war er als Mr. Liberace der Werkunterrichtslehrer bekannt.

Der Migräne-Engel

»Okay, Madam, Sie sagen also, sie hätten Ihren Mann gewarnt, er soll die Zeitung hinlegen, sonst würden Sie ihn wegpusten ... Hat er reagiert?«

»Hol mich doch der ...
Ich muß die verdammte Vorlage *so rum* gehalten haben!«

»Mann, heute nacht sind wirklich alle unterwegs ... Glaub mir, Charles, wir werden noch richtige Stubenzombies.«

Und dann gab es einen *echten* Leckerbissen für die Teilnehmer der Rinder-Safari. Auf einem kleinen Hügel erschien plötzlich eine guatemaltekische Paradieskuh in all ihrer Pracht.

Freitagabend im Wald

Moses teilt sein Haar.

»Nicht anfassen, Putzi ... Es ist nur ein Gesicht in der Menge.«

Wie nur die wenigsten Psychologiestudenten wissen, bestand Pawlows erstes Experiment darin, seinen Hund so abzurichten, daß er auf das Klingeln seiner Glocke hin Freuds Katze angriff.

»Wir können einpacken, Marge. Big Al war unsere Hauptattraktion, der Höhepunkt der Show ... Und jetzt ist er weg.«

»He, Lola, hast du das in der Zeitung gesehen?«

KÜHL-
RAUM
MÄGEN
ROTE HENNE
GEFLÜGEL GMBH
ROTE HENNE
GEFLÜGEL
HENNE
GEL GMBH
ROTE HENN
GEFLÜGEL
Larson

»Von der Schule gehen? *Von der Schule gehen?* Willst du wie dein Vater enden? Als Laborratte?«

Frage: Wenn ein Baum im Wald umfällt, und niemand ist dabei, und er erschlägt einen Mimen, kümmert das irgendwen?

Er foppt mich... er foppt mich nicht... er foppt mich... er foppt mich nicht...

»Edgar! Weck ihn nicht auf! ... Schlafende Hunde soll man lügen lassen.«

»Na gut, Kleiner, du hast mich geschlagen – und von nun an wird jeder Angeber, der einen Schläger halten kann und sich einen Namen machen will, nach *dir* suchen! ... Willkommen in der Hölle, Kleiner!«

In der Sache Ichabod Crane gegen den Kopflosen Reiter.

Schließlich war Edna gezwungen,
ihr Rosenkohl-Häuschen zu verkaufen.

Plötzlich traten die Polizisten auf die Lichtung. Den Schwarzwurstern war klar, daß sie keine Chance hatten.

Viele Jahre später erzählt Harold Zimmermann, die wahre »Hakenklaue« aller Lagerfeuer-Gespenstergeschichten, seinen Enkeln die Geschichte von den zwei bösen Teenagern.

»Hunde, die aus der Kloschüssel trinken –
gleich nach der Werbung.«

Die sexuellen Phantasien der Hähne

Die ersten Klempner

»Sheriff! Ben Wiggins reitet gerade in die Stadt, und er trägt den gleichen kleinen Chiffonfummel wie damals, als er Jake Sutton erschoß!«

»Kleiner Bär! Solang du zuschaust, werden ihn die Ameisen nie fressen.«

Szene aus *Der Versicherungsvertreter der Oper*

Historische Anmerkung: Über viele Jahre hinweg – bevor sie wirklich fies wurden – plünderten die Wikinger die Häuser der Küstenbewohner und bewarfen sie dann mit Eiern.

Die allererste Ausgabe des *Insel-Blatts* führte schon kurz nach Druckbeginn zum Ende der Zeitung.

»Also, Herr Schwein – Sie entfachten das Feuer, nachdem Sie hörten, daß mein Klient durch ihren Schornstein kam! Wußten Sie eigentlich, daß mein Klient einer gefährdeten Tierart angehört, Herr Schwein, während Sie selbst nicht mehr als eine laufende Speckseite sind?«

»Ohh! *Ich* würde mich auf das große, flauschige legen!«

Die phantastischen Lippizanerkühe

Bandwürmer im Urlaub

»Meint ihr, ich könnte das machen, wenn Strom drauf wäre?«

»Ach, die Schachtel mit toten Fliegen? Ramone hat sie mir Samstag abend während seines Paarungstanzes geschenkt ... natürlich waren sie schon ausgesogen.«

In der Oktopusschule

»Es wird Zeit, daß wir der Wahrheit ins Gesicht sehen, Freunde ... Wir sind einfach keine Raumfahrtwissenschaftler.«

Kriminelle Kälberstreiche

Jurassischer Kalender

Kosaken-Angestellte

»Und zack! kam dieses Ding
aus dem linken Außenfeld angeflogen.«

Als Virus siehst du die Welt.

An diesem Tag jagte Woody der Waschbär an seinem Lieblingsbach Frösche. Die liebliche Musik im Hintergrund verriet ihm, daß Bernie der Bergpuma weit weg war.

Die Spannung nimmt zu
bei der Lewis-und-Clark-Expedition.

»Verzeihen Sie, Sir, aber könnten Sie bitte alle mal aussteigen? ... Da stimmt was nicht mit Ihren Gesichtern.«

Nur Claire, mit ihrem überdimensionalen Gehirn, wirkte besorgt.

Kaum jemand weiß, daß Joan Collins in ihrer Jugend eine begeisterte Bungee-Springerin war.

Beinahe-Zusammenstöße im Alten Westen

»Ja hallo, alter Junge! Wie geht's dir denn? ... Sieh ihn dir an, Dan. Der arme Kerl ist tagelang auf dem Meer getrieben, aber er ist noch genauso fett und fröhlich wie immer.«

»So wie ich es sehe, liegt das Hauptproblem darin, daß sie beide auf manche Dinge wie auf Knopfdruck reagieren.«

In dieser Nacht fiel Kapitän MacIntyre
einer heimtückischen Woge zum Opfer.

Ein weiteres Naturphänomen: Alle Tiere im Wald wissen noch heute ganz genau, wo sie waren und was sie taten, als sie erfuhren, daß Bambis Mutter erschossen worden war.

Zwei prähistorische Angler und Sammler versuchen, sich mittels Grunzlauten und übertriebener Gesten zu verständigen.

»Es tut mir leid, Eure Hoheit, aber Sie sind wirklich nicht der Diktator von Utanien, einem kleinen europäischen Land. Es gibt gar kein Utanien. Die unzähligen Bewunderer, die Militärparaden, dieses Büro - all das haben wir für ein psychologisches Experiment inszeniert. Ihr wahrer Name, Eure Hoheit, ist Edward Belcher, sie stammen aus Long Island, New York, und es wird Zeit, daß Sie verschwinden, Eddie!«

»Nochmal: Sie waren im Park und genossen den sonnigen Nachmittag, als Sie den Angeklagten laut und deutlich zu seinem Hund sagen hörten: ›Los, Junge! Hol das Stöckchen!‹«

Drive-by-Radieranschläge

»He, wer ist das denn? ... Ach so, Mitch, der Hausmeister. Also, unser erster Testlauf ist eben ein bißchen interessanter geworden.«

Zoombies: Die rasenden Toten.

Wenig aussichtsreiche Unternehmensideen

»Professor LaVonne hatte viele Feinde unter den Entomologen, Detective, aber wenn Sie einen Blick auf diesen Aufkleber werfen, können Sie genau sehen, wann und wo er – wie soll ich sagen – ›gesammelt‹ wurde.«

Der Fremde wußte allerdings nicht, daß Sam immer einen scharfen Hund im Stiefel stecken hatte.

Früher, auf der Uni,
galt Igor als Schwarm aller Frauen.

»Hmmm, da muß ich nachdenken ... Sie haben mich ganz durcheinandergebracht, junger Mann. Die meisten Leute wollen den Weg genau andersrum wissen.«

»He! Sie wollen doch nichts kaufen, oder? Dann machen Sie, daß Sie hier rauskommen, Freundchen.«

»O mein Gott! Mistkäfer! ... Und natürlich in ihren schmutzigen Arbeitshosen!«

»Okay, okay. Ganz ruhig, bitte! ... Dieses Monster – war es eher größer oder kleiner als Ihr Gebäude? Lassen Sie sich ruhig Zeit mit der Antwort.«

»Natürlich kennen wir alle die beliebte Legende, nach der unser sechzehnter Präsident in einer kleinen Blockhütte geboren sei.«

Heinrich der Achte beim Rendez-vous

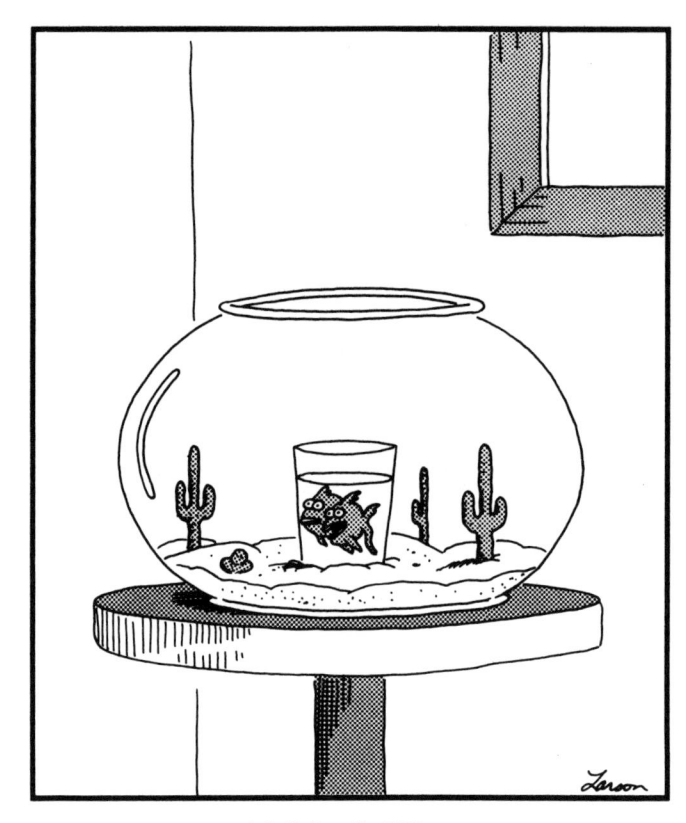

»Ich liebe die Wüste.«

Er hatte Tansania durchquert, und auch Mosambik lag zum größten Teil hinter ihm. Es gab keinen Zweifel. Chippy hatte geschafft, wovon die meisten Schimpansen nur träumen: Er hatte die perfekte Liane gefunden.

»Sie *müssen* neu sein! ... Das ist Mrs. Crutchfield, und sie paßt auf, daß *niemand* mit einer Schere in der Hand herumrennt.«

Unbekümmert und ausgelassen kurvten sie durchs Viertel. Keiner von ihnen rechnete damit, daß Tuffy immer noch angeleint war.

»Danke, daß du mein Freund bist, Wayne.«

»Mal ehrlich, Margaret...
bin ich ein Drecksack?«

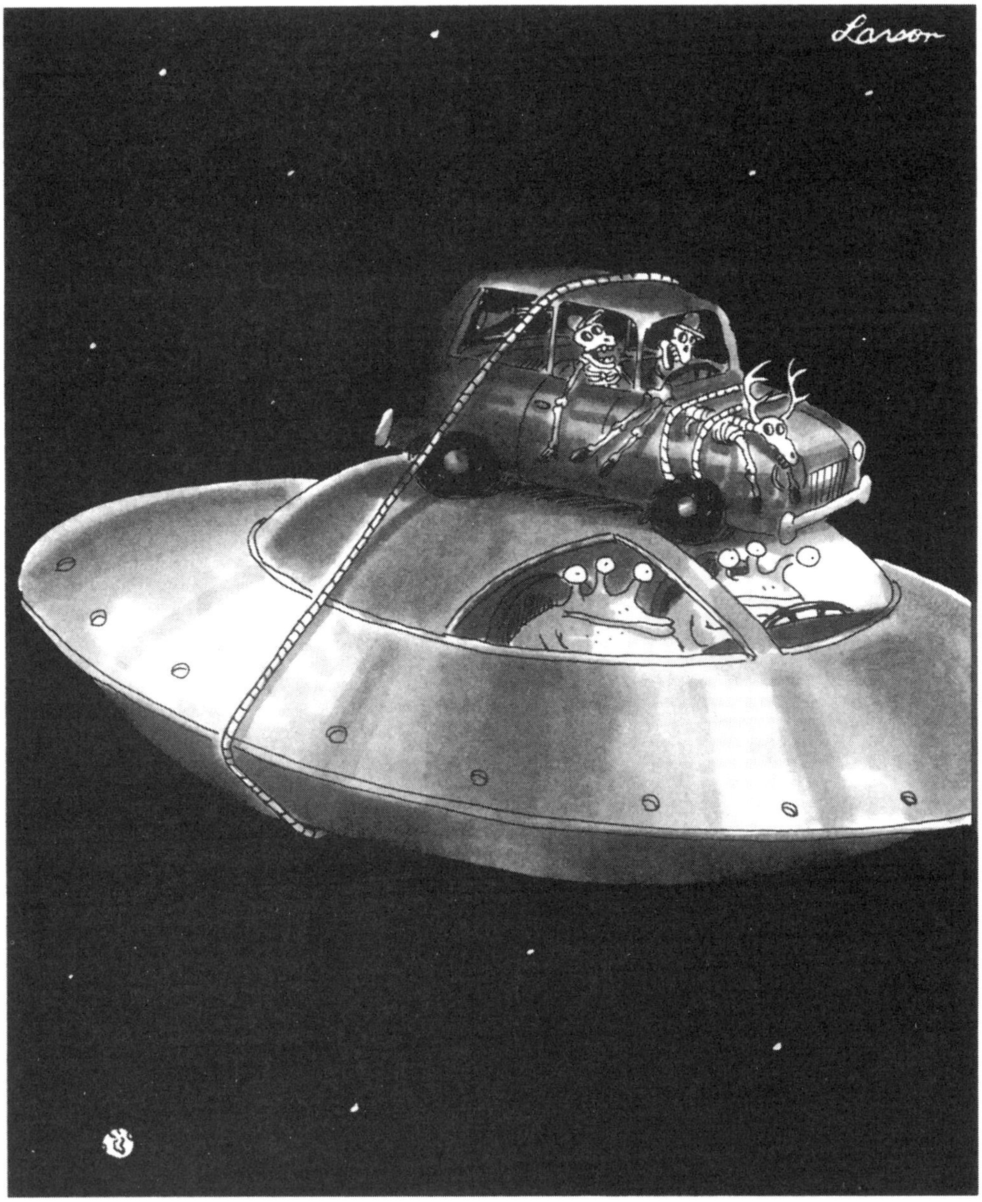
Larson

Sticker des Alten Westens

Vor dem
»Ich-bin-gefallen-und-komm'-nicht-mehr-hoch«-
Gebäude

Nach seiner Entführung durch einen außerirdischen Zirkus muß Professor Doyle Infinitesimalrechnungen in der Manege vorführen.

Boxer-Alpträume

»Jetzt reicht's, Maurice! Ich hab' dir schon tausendmal gesagt: Nimm deine Hennen weg von mir!«

Es war kein Ort für einen Flaschenkürbis.

»Hey! Sie! ... Ja, Sie! Zum letzten Mal:
Hören Sie auf, mich anzuspucken!«

Frühe Broschen

Er war der König der Schafe.

Jimmys großer Tag

»Hoppla, hoppla, junger Mann! Sie werden schön über die Planke *marschieren*, genau wie alle anderen!«

Nur Bernhard, der in der ersten Reihe saß, hatte den Nerv, dem Tod ins Angesicht zu lachen.

»Geduld, Leona, Geduld ... Zebras trinken erst, wenn sie ganz sicher sind, daß keine Gefahr droht.«

Bevor er berühmt wurde, experimentierte der Künstler Gus Nickerson lange mit unzähligen Variationen zu einem einzigen Thema – bis zu jenem schicksalhaften Tag, an dem ihn ein Freund fragte: »Gus ... hast du's schon mal mit pokernden *Hunden* probiert?«

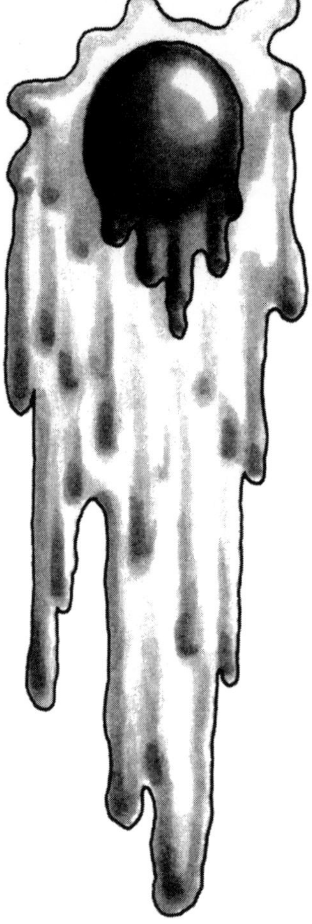